Versos piratas, piratas en verso

PIZCA DE SAL

Este libro está dedicado a Pablo Ampudia,
que de mayor quiere ser pirata.

1.ª edición: noviembre 2009
2.ª edición: febrero de 2024

© Del texto: Ana Alonso, 2024
© De las ilustraciones: Jordi Vila Delclòs, 2024
© De las fotografías del dosier: iStock / Getty Images (Aleh Varanishcha;
ego450; fergregory; NATALIIA OMELCHENKO; nazlisart; sharpner;
StephM2506; victoriya89)
© Grupo Anaya, S. A., 2024
Valentín Beato, 21. 28037 Madrid
www.anayainfantilyjuvenil.com

Diseño de cubierta:
Miguel Ángel Pacheco, Javier Serrano
y Patricia Gómez

ISBN: 978-84-143-3710-3
Depósito legal: M-32826-2023
Impreso en España - Printed in Spain

PAPEL DE FIBRA
CERTIFICADA

Ana Alonso

Versos piratas, piratas en verso

Ilustraciones:
Jordi Vila Delclòs

Cómo hacerse pirata

Para ser un buen pirata
hacen falta los siguientes
ingredientes:
lo primero, una bandera
bucanera
con huesos y calavera.

Lo segundo, un mapa grande
del mundo
con los nombres principales
de los mares tropicales
y las islas de corales.

Lo tercero,
un velero;
porque una lancha a motor
para la piratería
resulta mucho peor.

Lo cuarto,
un catalejo de piel
de lagarto.

Lo quinto,
una espada al cinto.

Lo sexto, un libro de texto
que explique en claro lenguaje
cómo hacer un abordaje.

Lo séptimo,
una botella de ron
(que no le falte el tapón).

Lo octavo, un parche en el ojo
y un pañuelo de lunares
rojo.

Lo noveno, un cofre lleno
de oro.

Y lo décimo, un buen loro
que pueda aprender a hablar,
y que te sepa imitar.

Si reúnes estas cosas
llevarás a cabo hazañas
famosas;

¡o al menos disfrutarás
de la sal y de la brisa,
y de muchas cosas más!

MODA PIRATA

La moda entre los piratas
de las patas
de madera
fue una moda pasajera.

En cambio, el parche en el ojo
o los clásicos pañuelos
de lunares
son prendas intemporales
que nunca pasan de moda
y sirven
lo mismo para una boda
que para dar un paseo
o meterse en un jaleo.

Un complemento importante
para el pirata elegante
es el chaleco de ante:
mejor si tiene bolsillos
y botones amarillos.

Y, por supuesto, un detalle
muy delicado del traje
es la camisa de encaje,
preferentemente blanca
o en color hueso;
y en eso
hay diferentes tendencias:
se pueden llevar encajes
bien planchados
o llevarlos arrugados.

Por último,
un pendiente de coral
da un toque muy personal;
pero, si te sienta mal,
puedes optar por un aro
de metal,
¡que siempre queda ideal!

Bigotes

Un pirata sin bigote,
es como un traje de noche
sin escote.

Vamos, que no está bien visto.
Que no queda bien, insisto.

Pero el bigote adecuado
a la vida bucanera
no es un bigote cualquiera:
tiene que estar bien peinado,
y a ser posible rizado
en sus extremos o bordes,
de modo que cuando abordes
el barco del enemigo
o estés batiéndote en duelo
no se te mueva ni un pelo.

En cuanto a su longitud,
depende de la actitud:
el que tenga un gesto amargo,

que no lo lleve muy largo,
pues, si no, parecería
una gran morsa sombría.

Yo, en general, recomiendo
una largura intermedia:
Es un tamaño elegante
que va bien a todo el mundo,
desde el pirata fanático
de la última tendencia
al bucanero pragmático,
que nunca tiene paciencia
para mirarse al espejo.
Incluso al pirata viejo
le favorece bastante,
dándole un aire arrogante.

Y, por último, el color:
¡si combina con las medias,
siempre quedará mejor!

BARBAS

Para un pirata, la barba
no resulta imprescindible,
pero siempre es preferible
a un rostro bien afeitado,
que da un aire demasiado
atildado
y resta ferocidad.

Aunque también es verdad
que una barba desgreñada,
pues no favorece nada,
y que, en lugar de dar miedo,
provoca la caracajada
general,
haciéndote quedar mal.

Muchos corsarios famosos
llevaban barbas muy largas
y eran peludos como osos.

Pero ahora está más de moda
el tipo más informal
de aventurero naval,
con la barba de tres días
y un *piercing* en las encías.
En resumen, lo importante,
si decides llevar barba,
es que resulte impactante.

Y, si no, siempre te queda
la perilla,
que sienta de maravilla.

ARMAS PIRATAS

Entre las armas piratas,
las más baratas y usuales
son las dagas o puñales.

Pese a su escaso tamaño
pueden hacer mucho daño,
y caben en cualquier parte
si se tiene algo de arte
para esconderlas debajo
del sombrero o el refajo.

También destaca el alfanje
por su manejo sencillo
y su brillo.
Es muy práctico además
en las distancias muy cortas
para seccionar aortas.

Las espadas, los floretes,
las hachas y los machetes
se usan de un modo salvaje
en los casos de abordaje.

Y se dejan para luego
todas las armas de fuego:
las pistolas, los trabucos,
mosquetones y mosquetes,
que pueden abrir boquetes
sobre cualquier superficie
a menos que uno la pifie.

Al final, si todo falla,
siempre quedan los cañones,
que resuenan como truenos
aunque no sean muy buenos...

Banderas piratas

No todas las naves filibusteras
llevaban en sus banderas
calaveras.

Algunas eran más austeras:
llevaban un reloj de arena
dibujado
para indicarle al enemigo
que el plazo había terminado.

Otras llevaban un brazo
que empuñaba un arma blanca
o un mazo.

Y en algunas, se veía
un diminuto esqueleto
completo
y a su lado un corazón
de color rojo amapola,
o un demonio con su cola.

Pero las más conocidas
han sido toda la vida
las de los cráneos pelados
con sus dos huesos cruzados.

Había muchas variantes;
algunas, más elegantes,
llevaban la calavera
de perfil,
o algún símbolo sutil
como un alfanje o machete
o un grumete.
En cuanto al color de fondo,
no tenía por qué ser
necesariamente negro,
(personalmente, me alegro),
podía muy bien ser rojo,
como en la bandera china
(aunque en lugar de la hoz
y el martillo
su emblema fuera un cuchillo).

Y, ya para terminar,
el nombre de estas banderas
era un tanto singular,
se llamaban «Jolly Roger»,
que se puede traducir
como «Rogelio el Gracioso»…
¡Qué nombre tan misterioso!

BARCOS PIRATAS

Al principio, los barcos preferidos
de los piratas más reconocidos
eran los gigantescos galeones.
Iban bien equipados de cañones
(a veces hasta ochenta)
y salían a cuenta,
a pesar de su precio exorbitante,
por su aspecto orgulloso y arrogante.
(Además, los piratas rara vez los compraban,
más bien los secuestraban
después de un abordaje
quedándose con todo su equipaje).

Pero la moda siempre
ha sido muy veleta.

Cuando empezó a llevarse la corbeta,
el galeón cayó pronto en desuso.
Aunque algún pirata iluso
aún lo seguía empleando
para pasar contrabando,
más por no cambiar de barco
y por seguir con el mismo
que por sentimentalismo.

La corbeta era un velero
tan ligero,
tan estable y maniobrable
que salía muy rentable.

En el siglo diecinueve,
hubo un periodo muy breve
en el que se usó bastante
el velero bergantín.

El bergantín, por decirlo
de una manera muy llana
con una expresión mundana,
era una especie de yate
de combate.

Solían tener dos palos,
y no resultaban malos
para ataques fulminantes
y batallas importantes.

Lo esencial, en cualquier caso
para una nave corsaria
era la labor portuaria
de limpiarle bien el casco,
porque si estaba hecho un asco,
lleno de algas y de almejas
y de caracolas viejas
perdía velocidad
y era una calamidad
(y es que en todos los vehículos,
incluidos los de viento,
es clave el mantenimiento).

Tipos de piratas

Los piratas más famosos
fueron siempre los corsarios
por sus altos honorarios.
Con el permiso del rey
dictaban su propia ley,
capturando galeones
como si fueran salmones.
El botín lo repartían
con el rey cuando querían.
Pero a veces se quedaban
con los barcos que atrapaban.

También había piratas
llamados filibusteros.
Vivían en las Antillas,
y formaban camarillas
que atacaban las ciudades
de la costa
destrozándolas a posta.

Destacaban asimismo
los piratas bucaneros.
Al principio, según dicen,
eran solo carniceros
que vendían carne ahumada
a los barcos que pasaban.

Pero luego, acostumbrados
a utilizar el cuchillo,
dejaron aquel mundillo
del comercio alimentario
y el negocio agropecuario
para salir a la mar
y dedicarse a asaltar
a cualquier barco, ya fuera
su bandera
lugareña o extranjera.

Y por último, existían
los verdaderos piratas,
que eran bandidos del mar,
sin ganas de trabajar,
pero que a pesar de todo,
se ganaban el sustento
a su modo,
cogiendo lo que podían
de los barcos que se hundían,
por lo que al final pasaron
casi todos a la Historia,
(¡aunque a veces con más pena
que gloria!).

TESOROS PIRATAS

Baúles llenos de alhajas;
cofres, cajas;
sacos, toneles, barriles...
¡cientos, miles!

En bodegas, en cavernas,
en desvanes sin lucernas,
en sótanos, en buhardillas,
bajo las mesas camillas,
en las playas amarillas,
ocultos, disimulados
o enterrados.

Ni los persas, ni los moros,
tuvieron nunca tesoros
como los de los corsarios.
¡Realmente extraordinarios!

Rubíes, zafiros, perlas
que era una gozada verlas,
cuarzo, topacios, diamantes
y otras piedras muy brillantes:
esmeraldas, amatistas...
¡Piezas de coleccionistas!

Pero no todo eran piedras
preciosas.
También había otras cosas.
Broches, pulseras, collares,
los pendientes siempre a pares,
brazaletes y diademas
con gemas,
mantos de armiño, algún cetro,
coronas de estilo retro,
sedas, encajes, brocados
y pañuelos perfumados.

También sombreros con plumas,
pieles de tigres, de pumas,
de leones, de panteras,
de toda clase de fieras.
Y colmillos de elefantes
(que se me olvidaron antes).

Claro que la pieza estrella,
a la vez práctica y bella,
la que no faltaba nunca
en un tesoro
era la moneda de oro:
el escudo o el doblón.
Y ya, si había un millón,
pues qué te voy a contar...
¡te podías jubilar!

Mapas piratas

Para entender un mapa de piratas
sin dejarse engañar por las erratas,
hay que tener en cuenta el más secreto
de sus secretos:
¡Los piratas eran analfabetos!
Como no podían escribir,
era difícil decidir
adónde ir
guiándose por un papel
sin saber qué decía en él.
Así que resolvieron finalmente
hacer mapas de un modo diferente,

poniendo en lugar de nombres
(no te asombres)
simbolitos y dibujos,
y explicando sin tapujos
todo aquello interesante
para cualquier navegante.
Por eso son tan bonitos
los mapas de los proscritos,
con sus cofres, sus palmeras,
sus cruces, sus calaveras,

sus barquitos y sus loros.
Pero encontrar sus tesoros
utilizando esos mapas
cuesta un trabajo increíble,
y a veces es imposible.

¡Y es que con tantos dibujos
y faltas de ortografía,
el mapa no lo entendía
ni el pirata que lo hacía!

Mascotas piratas

Un pirata que se precie
tiene que elegir la especie
de su mascota con tiento:
pues sería un esperpento
un pirata con un perro
o una vaca con cencerro.

Tampoco un gato resulta
adecuado:
los gatos odian el mar
y tener que navegar;
se marean, y se pican
cada vez que los salpican.

Existen otras opciones,
como los camaleones:
con sus cambios de color,
son como un televisor
en su versión animal...
Una opción original.

También están las iguanas,
que son un poco holgazanas,
siempre tumbadas al sol
sin salirse de su rol
de reptil de sangre fría
que descansa todo el día.

La ventaja es que a pesar
de su aspecto estrafalario
asustan al adversario.
Por supuesto, están los monos,
convertidos ya en iconos
culturales
de los puertos tropicales.
Con sus gritos, sus bananas
y esas muecas casi humanas...
Se les coge un gran cariño.
Es... como tener un niño.

Pero la mascota estrella,
la más loca, la más bella,
la más graciosa y festiva,
la más lista y llamativa,
la que de verdad adoro,
es el loro.
¿Qué decir de sus plumajes,
de sus colores salvajes,
de su poderoso pico,
de su lenguaje, tan rico,
de sus frases incoherentes
y sus gestos insolentes?
Nada causa más asombro
que llevar uno en el hombro.
Si no los has visto nunca,
ya sean rojos o verdes,
¡no sabes lo que te pierdes!

PIRATAS ANTIGUOS

Un gran pueblo de piratas
fue el pueblo de los vikingos.
No eran gentes muy sensatas.
Los sábados y domingos,
en lugar de irse de copas
o a restaurantes, o a bingos,
se ponían como sopas
atacando con sus naves
todas las costas de Europa.

Los destrozos eran graves:
arrasaban las aldeas,
y las dejaban... muy feas.

Lo de incendiar edificios
se terminó convirtiendo
en el mayor de sus vicios.

Y otro vicio que tenían
era coger prisioneros
por allí por donde iban.
Además, como recuerdo,
se llevaban un tesoro,
o unas gallinas, o un cerdo,
o unas monedas de oro.

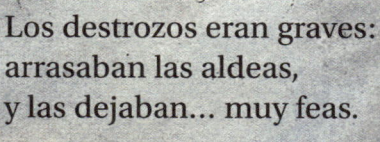

Era una forma de vida
agradable y divertida.

Y todo les fue de lujo,
hasta que les dijo un brujo
con dotes de quiromántico
que cruzaran el Atlántico.

Al otro lado del charco,
de poco servía un barco:
no había aldeas costeras
que temieran sus banderas;
solo algún que otro salvaje
contemplando el oleaje.

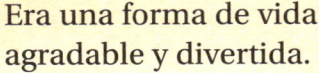

Sin botín ni prisioneros,
aquellos tipos tan fieros
transformaron en pesqueros
sus viejos barcos guerreros.

Y hay quien dice que al dejar
su existencia de piratas,
¡descubrieron las patatas!

LOS PIRATAS BERBERISCOS

Los piratas berberiscos
eran tan brutos y ariscos
como todos los piratas:
aunque en sus embarcaciones
todas las expediciones
les salían muy baratas
porque llevaban remeros
prisioneros
y no les pagaban nada.
Eso y la proa afilada
de sus míticas galeras
eran sus armas punteras.

Además, su religión
les prohibía beber ron,
y cuando los atacaban,
como no estaban bebidos,
al final siempre ganaban.

Después cogían cautivos:
«Tendrás que pagar rescate
si no quieres que te mate».
Y los frailes mercedarios
hacían de intermediarios
para encontrar el dinero
y salvar al prisionero.

Por todo el Mediterráneo,
de un modo casi espontáneo
fueron surgiendo grupúsculos
(grandes, medianos, minúsculos)
que desde la Berbería
ejercían noche y día
el oficio de corsarios
o de auténticos sicarios.

Atacaron en Ibiza,
en Almuñécar y en Niza,
en Mallorca y en Valencia,
con particular violencia.
Luego, al llegar las mejoras
en el diseño naval,
hubo algunas naves moras
que llegaron al final
a Francia, Inglaterra, Islandia
y las costas de Groenlandia.
Pero eso fue un desvarío,
porque hacía tanto frío
que hasta los remos se helaban
y claro, ya no remaban.

Fue el fin un tanto brutal
del auge internacional
de estas flotas de leyenda.
Pero aún queda una estupenda
colección de torreones
en distintos farallones
de las costas españolas,
huecos como caracolas,
para vigilar el mar...
¡Por lo que pueda pasar!

ACERTIJOS PIRATAS

I

Cuanto más viejo, más fuerte.
Cuanto más fuerte, más quema.
Y puede ser un problema
si te acostumbras a él,
porque aunque a veces te alegra
y te hace bailar la rumba,
¡puede mandarte a la tumba!
¿Qué es?

(EL RON)

46

II

Dice cosas que no siente,
pero cuando habla, no miente.
Y aunque siempre lleva puestos
trajes de gran colorido,
¡no es que sea un presumido!
¿Qué es?

(UN LORO)

III

Agarra pero no toca,
no acaricia pero engancha
y si le cae una mancha
se le pasa un trapo viejo
y brilla como un espejo.
¿Qué es?

(UN GARFIO)

IV

Tiene velas y no es una iglesia,
tiene cubierta y un libro no es,
cuando va lleno de piratas
tiene más patas que un ciempiés.

(UNA GALERA PIRATA)

BARBANEGRA

Un pirata muy famoso
fue el célebre Barbanegra.

El mote parece ser
que se lo puso su suegra.
En realidad se llamaba
Eduardo
y era más hosco que un cardo.

Siempre llevaba la barba
toda adornada de cintas
(imaginaos qué pintas).
Y en las grandes ocasiones,
imitando a sus cañones
se ponía varias mechas
atadas en el sombrero
para parecer más fiero:
las mechas echaban humo
molestando en grado sumo
a todo el que se acercaba;
pero a él eso le encantaba.

El gobierno de Virginia
ofreció una recompensa
que al parecer era inmensa
a quien lograse atraparlo
después de identificarlo.

Y fue Maynard, un teniente
inglés y perteneciente
a la Marina Real
quien le dio caza oficial.
Lo persiguió con dos barcos
y luego luchó con él
hasta dejarlo inconsciente
de un machetazo en la frente.
¡Ese fue el triste final
de aquel hombre tan brutal!

MORGAN

Morgan fue un pirata inglés
que siempre tuvo los pies
en la tierra
(a pesar de navegar
constantemente por mar).

Es cierto que era corsario,
pero jamás asumía
ningún riesgo innecesario:
cogía lo que podía
de los barcos españoles,
(lentos como caracoles
de tan cargadas de plata
como estaban sus bodegas).
Y no le ponía pegas
a ningún otro botín.

Pero en caso de abordaje,
no se volvía un salvaje,
pues no quería dañar
aquello que iba a robar.

Luego, cuando terminaba,
parte de lo que robaba
se lo entregaba a las gentes
influyentes,
de Jamaica y Portobelo,
(¡veis que no era ningún lelo!).

Por eso, al ser capturado,
y finalmente juzgado
algunos años después
por un tribunal inglés
no fue condenado a muerte:
¡Una verdadera suerte!

Por el contrario, el castigo
por todas sus fechorías
fue que Modyford, su amigo,
le hiciera gobernador
de Jamaica (lo mejor
y lo más estrafalario
que le ha pasado a un corsario).

Cierto que posteriormente
le alejarían del cargo,
y que fue un broche algo amargo
al final de su carrera:
pero hiciera lo que hiciera
Morgan era afortunado:
murió rico y respetado
junto a su bonita esposa,
¡y su historia es más famosa
que si hubiera sido honrado!

BARBARROJA

Un pirata muy antiguo
con fama de sanguinario
fue el famoso mercenario
apodado Barbarroja.
Trabajó para el sultán
Solimán,
atacando sin cuartel
desde su base de Argel
a los navíos cristianos
(casi todos italianos).

Incendiaba las ciudades,
saqueaba las aldeas,
no le faltaban ideas
para hacer barbaridades.
No le interesaba el oro,
ningún tipo de tesoro,
solo coger prisioneros,
tenerlos años enteros
cautivos en sus galeras,
trabajando como fieras,
o cobrar un buen rescate
a cambio de no cortarles
el gaznate.

Casi al final de su vida,
decidió venir a España
e intentar su última hazaña,
que fue la de consquistar
el Peñón de Gibraltar.

Quizá fue una tontería,
¡pero le dio una alegría!

OTROS PIRATAS

Ha habido tantos piratas,
con tan diversos apodos,
que no sería posible
mencionarlos aquí a todos:
Duguay-Trouin, el invencible,
Calico-Jack, el idiota,
Monbars, un tipo terrible,
Jean Laffite, que fue un patriota,

Surcouf, el gran caballero,
magnánimo en la batalla,
Eustache Buskes, el hechicero,
L'Olonois, que fue un canalla,
el pobre capitán Kidd
que fue bastante infeliz,
Anne Bonny, filibustera
excepcionalmente fiera,
Mary Read, su compañera,
más dura que la madera…

Y también ha habido otros
no menos interesantes
a pesar de que en la práctica
nunca fueron navegantes
porque jamás existieron:
¡solo en nuestra fantasía,
que no es una tontería!

Garfio, con su gran sombrero
y su aspecto traicionero,
y con ese cocodrilo
que siempre le tiene en vilo...

John Silver, protagonista
de *La isla del tesoro*,
con sus problemas de vista
y su inseparable loro...

Y por último, Jack Sparrow
con su aspecto estrafalario
y su extraño vestuario...

¡Y tantos que no he nombrado
porque se me han olvidado!
¿Conoces tú alguno más?
Añádelo: ¡a tiempo estás!

Tripulación pirata

El cargo más importante
de cualquier tripulación
es siempre el de capitán:
experto en navegación,
no ha de ser un holgazán,
sino alguien trabajador,
de espíritu emprendedor.

Además, es conveniente
que tenga mucho carisma
para evitar cualquier cisma
o motín entre sus hombres.
Y si encima es un valiente,
será un líder excelente.

El segundo en importancia
sería el contramaestre
(lo que en la jerga terrestre
se llama administrador,
que así se entiende mejor).

Estos tipos se encargaban
del reparto del botín
y de evitar un motín
y castigar las afrentas.
También llevaban las cuentas
haciendo de economistas:
eran personas muy listas.

Luego estaba el carpintero,
que después de un abordaje
dirigía el bricolaje
para reparar los daños.
Con sus chapuzas y apaños,
lo mismo te reparaba
un boquete en la cubierta
que te arreglaba una puerta.

El oficial de derrota
manejaba los sextantes
y otros muchos instrumentos
para aprovechar los vientos
y determinar el rumbo
u organizar bien el viaje
dividiéndolo en etapas
e interpretando los mapas.

También había artilleros,
cirujanos, cocineros,
marineros y grumetes.
Y, por supuesto, los músicos,
que trasmitían mensajes

con trompetas y tambores
hacia los alrededores,
haciendo además los viajes
mucho más entretenidos
con sus alegres sonidos...

EQUIPAJE DE UN PIRATA

Si un pirata se respeta,
nunca falta en su maleta
una taza de latón
para el ron.

También es muy conveniente
llevarse un par de pendientes,
algún pañuelo estampado
y parches en buen estado.

Además, se recomienda
(para evitar los problemas
con Hacienda)
no llevar monedas de oro
ni los mapas del tesoro.

Vienen bien los catalejos
para observar a lo lejos
los barcos del enemigo.

Y también ropa de abrigo
por si estalla una tormenta.

Y caramelos de menta
por si te entra un resfriado.

Y un sombrero colorado
para las noches de fiesta.

Y una cesta
cargada de municiones
para grandes ocasiones.

Y por si estalla un motín
después de tanto festín
un chaleco salvavidas
y algo para las heridas.

Pero además, se aconseja
alguna toalla vieja
por si alquien te tira al mar
o te apetece nadar.

Y una caña de pescar
para algún rato perdido,
que siempre es entretenido.

Por último, no te olvides
de llevar una baraja
con su caja
y los naipes bien marcados,
o, si no, un juego de dados
trucados,
que en los ambientes del hampa
es conveniente hacer trampa.

Con respecto al vestuario,
tan solo lo necesario:
un pantalón, unas botas,
dos medias que no estén rotas,
dos camisas, dos chalecos
y una bufanda con flecos.

¡Con semejante equipaje
podrás hacer cualquier viaje!

RECETAS PIRATAS

Pollo al estilo corsario

Se necesita tomillo,
ajo, pimienta, un pocillo
de agua (mejor mineral)
con una pizca de sal,
además de una cebolla
y una olla.

Pero el principal escollo
es encontrar un buen pollo,
sobre todo si uno insiste
en buscarlo, por despiste,
en una isla desierta
o en cubierta.

Con todos los ingredientes
bien calientes
se prepara un marinado
de lo más sofisticado.

Luego se pone a enfriar
en el mar
o en la nevera,
y se va haciendo una hoguera.

Después, montas la parrilla,
sacas el pollo y lo asas,
y le echas una guindilla.

¡Está rico que te pasas!

Buñuelos de bacalao

Este plato caribeño,
con su perfume sureño,
está entre los favoritos
de piratas y proscritos.

Lo primero es que la pesca
sea fresca.
Mejor si es bacalao, que las sardinas
tienen muchas espinas.

Después se limpia y se lava.
Luego, una vez que se acaba,
se le echa zumo de lima
y un chorro de aceite encima.

Se casca y se bate un huevo,
luego se bate de nuevo,
luego se mezcla con leche
(siempre, eche usted lo que eche,
ha de quedarle una masa
firme, pero nunca espesa,
ni muy fina ni muy gruesa).

Al final se mezcla todo
pero no de cualquier modo
sino formando pelotas
bien lucidas y grandotas.

Se fríen en la sartén
hasta que se doren bien,
y se sirven en papel
de cocina
con gajos de mandarina.

Salmagundi

Este exquisito estofado
se hace con carne picada,
cebolla bien troceada,
apio, pimiento, maíz
y un palo de regaliz
(aunque este último ingrediente
no agrada a toda la gente).

La receta de mi abuela
llevaba además canela,
zanahoria, alubias, ajos
y un par de tomates majos.

Una vez mezclado todo,
lo demás es muy sencillo.
Se cuece en un infiernillo
por espacio de una hora
(aunque a veces se demora).

Es un plato delicioso,
¡siempre que no quede soso!

CONCLUSIÓN

En resumen, los piratas
no son chicos obedientes,
ni tampoco delincuentes.
Solo gentes
diferentes,
con una pinta muy rara,
cicatrices en la cara,
garfios, parches y pañuelos,
y a veces patas de palo
que heredan de sus abuelos.
Mas, por encima de todo,
lo que define a un pirata

es su pasión por el mar,
sus ganas de pelear
y su forma de mirar.

En conclusión, los piratas
son personas muy normales,
excepto cuando intervienen
en los asuntos navales.
Entonces no se controlan,
todo lo queman, lo asolan,
y los barcos que capturan,
es muy poco lo que duran.

Pero luego, al tocar tierra,
todo eso se queda atrás,
y no se comenta más.
Cada uno se va a su casa,
a dormir tranquilamente
o a cenar con sus parientes.
¡En el fondo, los piratas
son personas sorprendentes!

Ana Alonso

Versos piratas, piratas en verso

**Ilustraciones
de Jordi Vila Delclòs**

∧N∧Y∧

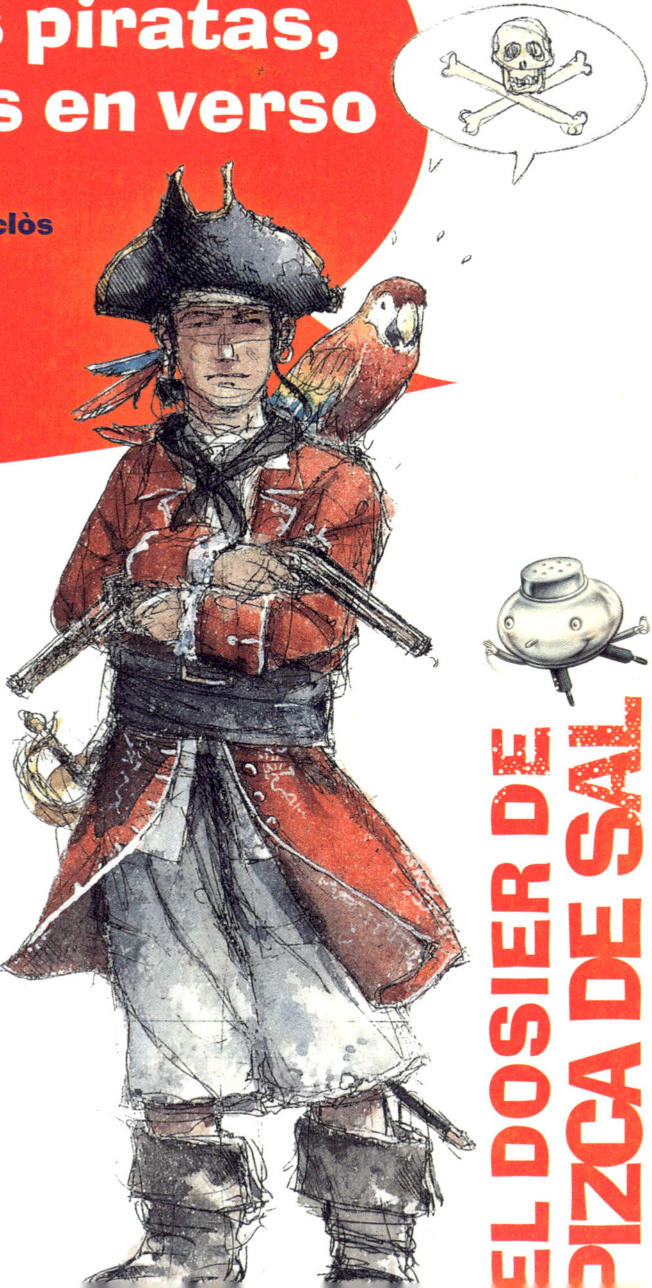

EL DOSIER DE PIZCA DE SAL

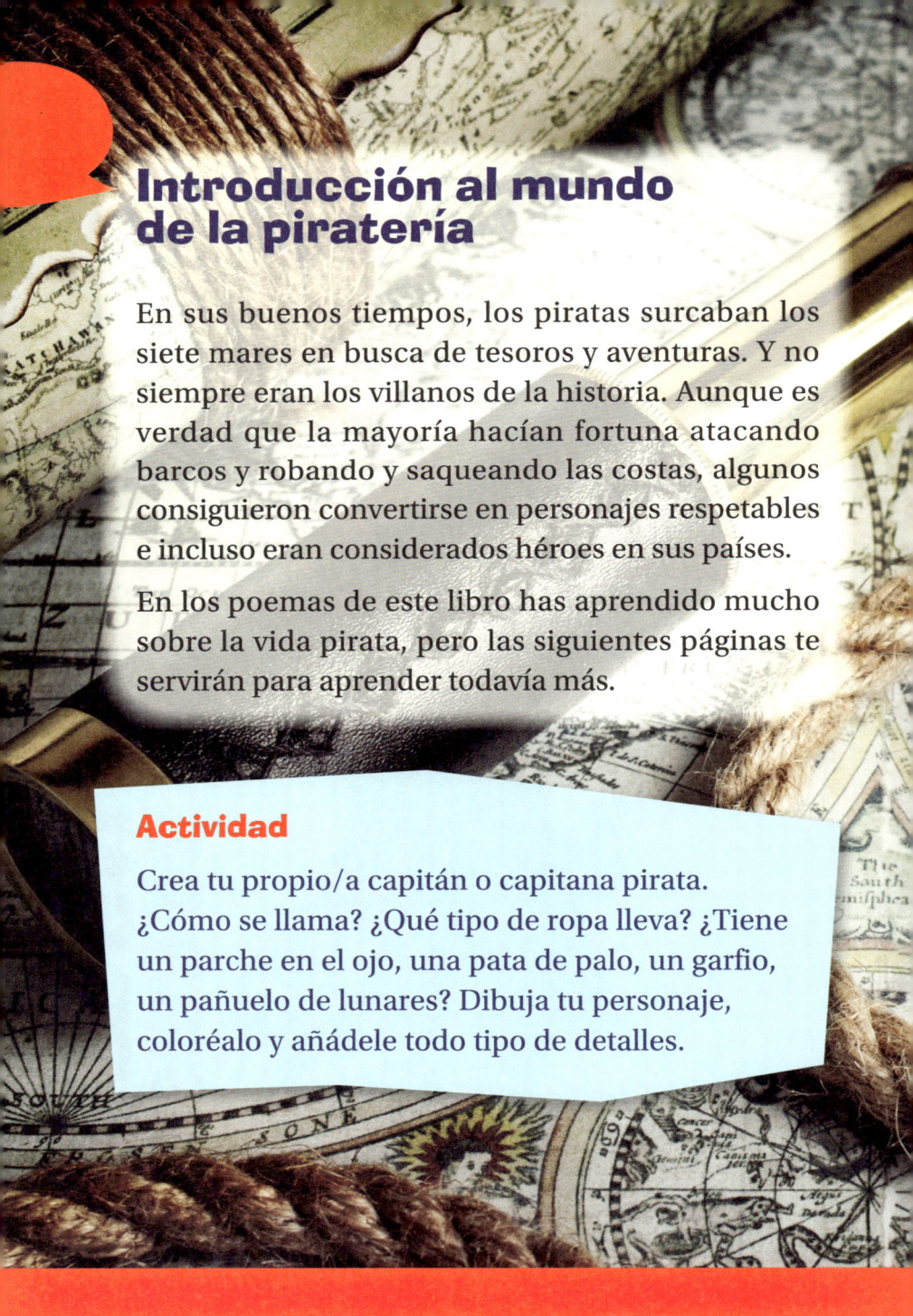

Introducción al mundo de la piratería

En sus buenos tiempos, los piratas surcaban los siete mares en busca de tesoros y aventuras. Y no siempre eran los villanos de la historia. Aunque es verdad que la mayoría hacían fortuna atacando barcos y robando y saqueando las costas, algunos consiguieron convertirse en personajes respetables e incluso eran considerados héroes en sus países.

En los poemas de este libro has aprendido mucho sobre la vida pirata, pero las siguientes páginas te servirán para aprender todavía más.

Actividad

Crea tu propio/a capitán o capitana pirata. ¿Cómo se llama? ¿Qué tipo de ropa lleva? ¿Tiene un parche en el ojo, una pata de palo, un garfio, un pañuelo de lunares? Dibuja tu personaje, coloréalo y añádele todo tipo de detalles.

Mundo pirata

Aunque han existido piratas desde que se inventaron los barcos, la era dorada de la piratería fueron los siglos XVII y XVIII. En esa época, numerosos barcos europeos atravesaban el Atlántico para traer de América oro, plata y otras mercancías valiosas. Era una oportunidad perfecta para los bandidos del mar, que conocían bien sus rutas y sabían cuándo y cómo atacar para quedarse con los cargamentos más valiosos. Luego se los llevaban a las islas del mar Caribe, donde muchos de ellos tenían su guarida.

Ruta pirata

Los grandes centros de la **vida pirata** no han estado solo en el Caribe. En este **mapa** puedes observar otros enclaves piratas importantes. Desde el Mediterráneo hasta la China, pasando por el océano Índico, estos aventureros hacían su agosto en todos los mares del mundo.

1. **«Triángulo de las Bermudas»:** Era un hervidero de piratas y corsarios.

2. **Madagascar:** Especialmente la isla de Sainte-Marie, que era un refugio para los piratas en el océano Índico.

3. **Port Royal, Jamaica:** Uno de los puertos piratas más conocidos del Caribe.

4. **Nassau, Bahamas:** Otro nido pirata en el Caribe, el preferido de Barbanegra.

5. **Islas Turcas y Caicos:** Otra base pirata para atacar las rutas comerciales españolas.

6. **Tortuga, Haití:** Base para muchos bucaneros que atacaban a los barcos españoles.

7. **Golfo de Guinea, África occidental:** Fue un centro para la piratería en el Atlántico durante el siglo XVIII.

8. **Calicut y Malabar, India:** Estas costas del suroeste de la India fueron guaridas de piratas en los siglos XVI y XVII.

9. **Argel:** centro de referencia de los piratas berberiscos.

Barcos piratas

Los barcos lo eran todo para los piratas: su arma de ataque, su casa, su vehículo y su escondite. A lo largo de la historia, los piratas usaron muchos tipos diferentes de embarcaciones.

Aquí tienes algunas de las más icónicas:

▶ **Goleta (Caribe, siglos XVII-XVIII)**

Con dos mástiles y velas triangulares, las goletas eran veloces y fáciles de maniobrar. Ideales para huidas rápidas, estos barcos provocaban terror en el Caribe.

▶ **Galeón (Océano Atlántico, siglo XVI)**

Estos enormes barcos eran lentos, pero lo compensaban con potencia de fuego y capacidad de carga. Muchos piratas los capturaban para llenar sus bodegas de tesoros.

▶ **Junco (China, siglos XVII-XIX)**

Famoso en el Lejano Oriente, el junco era fácil de manejar y tenía la ventaja de poder navegar en aguas poco profundas. Ching Shih, la temible pirata china, comandó una flota de juncos.

▶ **Xebec (Mediterráneo, siglo XVIII)**

Utilizados a menudo por los piratas berberiscos, los xebecs eran rápidos y versátiles, ideales para el abordaje y la huida. Sus tres mástiles les permitían alcanzar grandes velocidades.

Tipos de piratas

A lo largo de la historia y en diferentes partes del mundo, ha habido muchos tipos distintos de piratas, cada uno con su estilo, sus tácticas y sus reglas. Estos son los más conocidos.

Corsarios:
Eran piratas con permiso de trabajo. Contaban con una «patente de corso», un documento otorgado por las autoridades de un país para atacar barcos enemigos. Después, compartían sus ganancias con el estado que los contrataba.

Filibusteros:

Procedían casi todos del norte de Europa y eran conocidos por su agilidad en la lucha. Usaban armas de fuego y sabían moverse rápidamente. A menudo eran piratas renegados que no reconocían la autoridad de ninguna nación.

Bucaneros:

Son la versión caribeña del pirata clásico. Inicialmente, eran ladrones de ganado y cerdos en la isla La Española, pero, con el tiempo, optaron por el saqueo marítimo. Eran expertos en la navegación y el uso del mosquete.

Y tu pirata inventado, ¿a cuál de estos grupos pertenece? Añade a tu dibujo algún detalle que lo indique.

Banderas piratas

Las banderas piratas no eran un simple trozo de tela; se utilizaban como instrumentos de terror psicológico. La icónica Jolly Roger, con su calavera y las tibias cruzadas, se convirtió en una visión aterradora para cualquier tripulación que la avistara.

Pero no todos los piratas usaban la misma bandera; de hecho, muchos tenían su propio diseño único para representarse.

▶ El famoso pirata **Barbanegra** tenía una bandera con un esqueleto sosteniendo una lanza y un corazón.

▶ **Calico Jack** era famoso por su bandera de una calavera con dos espadas cruzadas.

▶ La bandera del pirata **Thomas Tew** mostraba un brazo blanco con una espada agarrada. Era un símbolo de fuerza y peligro.

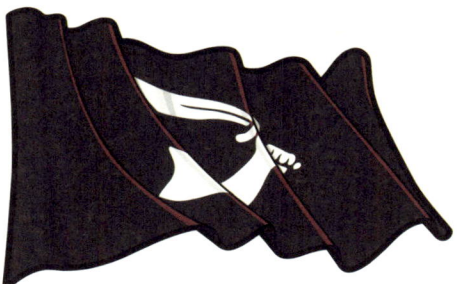

Diseña tu bandera

Si fueras un pirata, ¿qué símbolos tendría tu bandera? Dibújala y piensa en lo que esos símbolos significarían para ti y para tus enemigos.

Tesoros y mapas

Cuando pensamos en un tesoro pirata, imaginamos cofres llenos de **monedas de oro,** **joyas** y **piedras preciosas.** Sin embargo, los tesoros piratas no siempre eran tan llamativos. Muchos piratas se especializaban en mercancías como tabaco, azúcar, especias y hasta esclavos para vender y hacer fortuna.

A veces los piratas tenían que **enterrar el botín** a toda prisa para protegerlo. En esos casos, solían hacer mapas para acordarse del lugar elegido. Muchos de ellos eran analfabetos, así que, en lugar de escribir nombres en los mapas, hacían dibujos y ponían **símbolos** en clave para que nadie más pudiese descifrarlos.

Uno de los tesoros más famosos fue el de **William Kidd,** un pirata escocés. Kidd fue capturado y juzgado, pero el lugar donde había escondido su **tesoro** nunca se descubrió.

Todavía hoy, muchos cazadores de tesoros buscan la fortuna perdida de Kidd.

¡Dibuja tu propio mapa del tesoro!

Imagina que tu pirata ha enterrado su tesoro. Dibuja un mapa lleno de símbolos para indicar dónde se encuentra. Puedes representar árboles, un río, el lugar donde atracaría tu barco...

Luego, pasa el mapa a un compañero y observa cómo lo interpreta.

Piratas famosos

Sir Francis Drake

Nacido en Tavistock, Inglaterra, alrededor de 1540, sir Francis Drake fue un famoso corsario al servicio de la **corona inglesa.** Fue el segundo hombre en circunnavegar el mundo después de Magallanes, y contribuyó a la derrota de la Armada Invencible española en 1588.

Una anécdota: cuando se enteró de que la **Armada Invencible** estaba cerca, Drake estaba jugando a los bolos. Dijo que le daba tiempo a terminar el juego y luego derrotar a los españoles. Y así lo hizo.

Barbanegra

Edward Teach, conocido como Barbanegra, fue uno de los piratas más célebres de la historia. Nacido en **Inglaterra,** adoptó el apodo de Barbanegra por su apariencia temible, potenciada por su enorme y descuidada barba negra. Se dice que se colocaba **mechas encendidas** en la barba y el sombrero durante las batallas para parecer un **demonio** surgido del infierno.

Aterrorizó la costa este de las colonias americanas entre 1716 y 1718. Su barco, el Queen Anne's Revenge, era una antigua embarcación esclavista que armó con 40 cañones.

Piratas famosos II

Henry Morgan

Nacido en Gales en 1635, Henry Morgan fue un corsario al servicio de **Inglaterra** que dejó una huella indeleble en el Caribe. Inicialmente destinado a la lucha contra los españoles, Morgan se volvió infame por sus saqueos, especialmente contra la ciudad de Portobelo en Panamá. Aunque fue arrestado por sus acciones, más tarde fue perdonado y nombrado **gobernador de Jamaica**.

Anne Bonny

La rebelde de los mares

Nacida en Irlanda en 1697, Anne Bonny rompió todas las reglas de lo que se esperaba de una **mujer en su época.** Fue compañera del pirata Calico Jack. Iba siempre vestida de hombre.

Aunque sabemos que fue capturada junto a Calico Jack, su destino final sigue siendo un misterio. Según la leyenda, después de ser juzgada **escapó** a la ejecución, se cambió de nombre y se alejó de la vida pirata para siempre.

Calico Jack

Nacido como **John Rackham** en Inglaterra en 1682, Calico Jack se ganó su apodo por sus **vistosas ropas** de algodón estampado. También se hizo famoso por su relación con Anne Bonny y por su temible bandera, una versión personalizada de la Jolly Roger, pero con **dos espadas cruzadas.**

Su carrera como pirata fue corta y acabó en la horca en 1720.

Piratas famosos III

Ching Shih

Nacida en 1775 en la provincia de Guangdong, en **China,** Ching Shih fue una de las piratas más temidas de la historia. Después de casarse con el pirata Cheng I, tomó las riendas del negocio familiar, y llegó a dirigir una flota de más de **300 barcos** y **20 000 piratas.**

Llegó a ser tan poderosa, que el gobierno chino le ofreció un **indulto** a cambio de que abandonase la vida pirata. Ella aceptó, cambió de vida y abrió un casino.

Samuel Bellamy

Nacido en Inglaterra en 1689, Samuel Bellamy se hizo célebre por su sentido de la **justicia y la igualdad.** Manejaba su barco, el **Whydah,** de manera democrática, ya que permitía a la tripulación votar en todas las decisiones importantes.

Bellamy se convirtió en uno de los piratas más **ricos** de su tiempo, pero su suerte no duró mucho: el Whydah naufragó en 1717 durante una tormenta y su capitán se fue a pique con él.

Bellamy era tan generoso con los prisioneros que incluso les ofrecía unirse a su tripulación o ser liberados en el siguiente puerto. Por eso le llamaban el **Príncipe Pirata.**

Piratas de ficción

Long John Silver
Un aventurero de leyenda

Es el **pirata principal** de *La isla del tesoro*, la novela de aventuras más famosa de **Robert Louis Stevenson.** Al principio de la historia es el cocinero del barco y parece un hombre amable e inofensivo, pero poco a poco va revelando su lado más oscuro.

Se trata de un personaje muy complejo, capaz de grandes crueldades, pero también de gestos generosos y heroicos.

Capitán Garfio
El eterno adversario de Peter Pan

El Capitán Garfio es un personaje creado por **J. M. Barrie** en su obra *Peter Pan*. Es el eterno enemigo de Peter y habita en el país de **Nunca Jamás.**

Perdió la mano en un duelo con Peter Pan; se la comió un **cocodrilo,** que desde entonces no ha dejado de perseguirlo.

Jack Sparrow

El canalla más querido del Caribe

Inmortalizado por Johnny Depp en la saga de películas *Piratas del Caribe*, Jack Sparrow es tan ingenioso como desaliñado. Es famoso por su habilidad para salir de todo tipo de situaciones apuradas que él mismo provoca.

Su barco, **La Perla Negra,** es tan legendario como su amor por el ron.

El encanto del antihéroe

Mientras que el Capitán Garfio es un villano en su historia, Jack Sparrow es más un antihéroe. Ambos personajes resultan fascinantes por razones diferentes. Garfio destaca por su elegancia y su búsqueda obsesiva de venganza; Sparrow, por su irreverencia y su habilidad para burlar al destino.

Hazlo tú

Disfrázate de pirata

Puedes usar una vieja camisa de un adulto, un cinturón con hebilla grande, un pañuelo vistoso para la cabeza, una banda de tela brillante que llevarás cruzada en el pecho, unos pantalones voluminosos metidos entre unas botas altas y una espada de cartón.

Haz una brújula casera

Una brújula es muy práctica para navegar. Puedes hacer una en casa con una aguja, un tapón de corcho y un tazón de agua. ¡Busca instrucciones en internet!

Trabalenguas pirata

Intenta decirlo deprisa:
El pirata Patapalo tapa el ron con un tapón.

Aprende a navegar mirando las estrellas

Los piratas usaban las estrellas para orientarse. ¿Por qué no intentas aprender algunas constelaciones y practicar la orientación al estilo pirata en una noche de verano?

El código pirata

Crea tu propio código pirata con reglas para tu tripulación. Es fundamental para mantener el orden en alta mar. Sigue el ejemplo de Samuel Bellamy: muéstrate justo, pero nunca cruel.

¿Sabías que...?

La palabra pirata viene de un verbo en griego antiguo que significaba «correr aventuras».